CATALOGUE

DU MUSÉE COMMUNAL

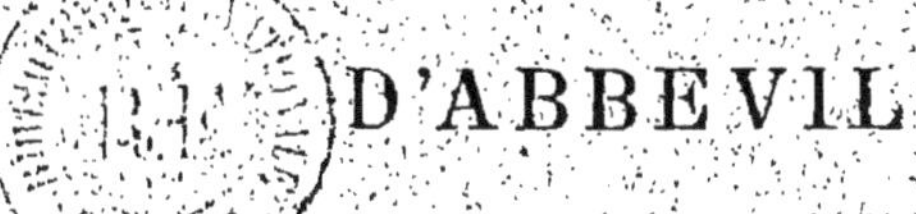

D'ABBEVILLE

Par H. MAISSIN

EN VENTE CHEZ L'AUTEUR
11, *rue des Saintes-Maries, Abbeville*
1891

CATALOGUE
DU MUSÉE COMMUNAL D'ABBEVILLE

VESTIBULE

20. Etude, plâtre de Nadaud.
127. Tableau votif sur bois, portant cette inscription : Jac. d'Aoust Bill. Abbeville. — Lud. d'Aoust canon S. W. Les donataires sont repr. au premier plan. Peint par Valence, 1558.
128. Photographie du monument des Illustrations picardes, par Forceville.
161. Les hommes dignes de mémoire nés à ou près d'Abbeville.
331. Petit canon annamite en bronze.

GALERIE D'ENTRÉE

14. L. A. Baillon, ancien adm. du Musée d'Abbeville. 1778-1835. Buste par P. Sauvage.
15. Le général Foy, 1775-1825, statue par Forceville.
16. Delambre, astronome, 1749, par Forceville.
18. Fauvel, consul à Athènes (m. en 1838).
19. Nègre enchaîné, plâtre de Nadaud.
34. Robert de Luzarches, archit. de la cath. d'Amiens.
35. M. Blasset, sculpt., auteur de l'Enfant pleureur de la cath. d'Amiens, plâtre de Forceville.
151. Plan d'Abbeville en 1643, copie par Delignières de Saint-Amand, d'après Ch. Rivet de Mont-Devis.

152. Portrait du Rév. P. Paschal d'Abb. capucin, 1645.
154. Le paradis perdu, peint sur bois.
155. Sainte Elisabeth de Hongrie soignant un blessé, par Aviat, 1880, envoi de l'Etat.
156. Abbeville ancien. Vue de la porte d'Hocquet, p. sur bois.
157. Portrait du père Ignace, jésuite.
158. Le jeune Tobie guérissant son père aveugle, p. sur bois.
159. Le Dimanche matin, par Yudt, envoi de l'Etat, 1874.
160. Plan d'Abbeville en 1643, par Duthoit.
190. Un hiver à Cernay, par Gendrot, 1884, envoi de l'Etat.
191. Duméril, naturaliste né à Amiens en 1774, plâtre par Forceville.
192. Ch. Alexandre, helléniste né à Amiens en 1797, mort à Paris en 1870, plâtre par Forceville.
193. Marie de la Hotoie, plâtre par Forceville.
194. Frédéric Sauvage, inventeur de l'hélice, né à Boulogne-sur-Mer, en 1786, mort à Paris en 1857.
195. Bouquet, bénédictin, né en 1635, plâtre par Forceville.
196. Adrien de la Morlière, historien, mort en 1639 à Amiens, plâtre par Forceville.
197. De Grébeauval, général d'artillerie, né en 1715, plâtre par Forceville.
198. Brutus jeune, par Hiolle (bronze).
300. Buste de Gambetta, par Ringel d'Ilzbach.
301. Buste d'Alexandre Dumas fils, par Ringel d'Ilzbach.
306. Un Enterrement en Picardie, par Brispot. Envoi de l'Etat, 1887.
317. Pavillon du Bayard.

333. La République, médaillon en plâtre, par H. Maissin.

ESCALIER

21. Bouzard, sauveteur, plâtre de Lévêque (1833).
22. Etude, plâtre de Fontaine.
23. Etude, plâtre de Fontaine.
24. Etude, plâtre de Fontaine.
25. Andromède, plâtre de Lévêque.
26. Le Naufragé, plâtre de Fontaine, 1881.
27. Jeune indien, plâtre indien pr Nadaud, 1886.
28. Saint Sébastien, plâtre de Fontaine, 1882.
29. La Statuaire, par de Forceville.
36. Charlemagne, marbre. 1600 à 1650. Attribué à A. Henri, d'Arras.
37, 38, 39, 40, 41, 42, 43, 44, 45. Frises provenant de vieilles maisons d'Abbeville.
46. Vierge, fragment de bas-relief en marbre.
47, 48. Fragments de bas-relief en pierre. Moyen-âge.
49. Le Crucifiement, bas-relief. Moyen-âge.
50. La Nativité, pierre, XIIe siècle.
51, 52, 53, 54, 55. Mascarons en bois, provenant de vieilles maisons d'Abbeville. Moyen-âge.
56. Deux fragments d'amphores romaines.
57. Mascaron en bois.
58. Six consoles en bois.
59. Fragments de carrelage, trouvés à Noyelles-sur-Mer. Epoque romaine.
60. Chapiteau de pierre.
61, 62. Frise sculptée (moyen-âge). On y lit cette inscription : Rends le bien po le mal, car Dieu te le comade. (Provient de la rue Vérone.)
63, 64, 65, 66. Frises sculptées.

67, 68. Frises sculptées portant les armoiries de la confrérie des peintres, rue Saint-Vulfran.
69, 70, 71, 72, 73, 74. Frises sculptées.
75. Mascaron.
76, 77, 78, 79. Episode de l'histoire de Sanson. Bas-relief. Renaissance.
80. Fragment de bas-relief.
81. La Circoncision et la Fuite en Egypte Bas-relief.
82. Fragments de carrelage trouvés à Noyelles-sur-Mer.
83. Fragments de carrelage en terre rouge portant l'empreinte d'un sceau fleur de lysé. Moyen-âge.
84. Fragments de carrelage. Moyen-âge.
85. Fragments de briques avec figures en relief.
86. Fragments de carrelage. Moyen-âge.
87. Poteries.
88, 89, 90, 91, 92, 93. Briques romaines avec reliefs.
94. Fragment de plaque.
95, 96. Mascarons en bois.
97. Deux pots sculptés, provenant de la rue des Pots à Abbeville.
98. Le Triomphe de Titus. Fragment de frise italienne.
99. Frise sculptée.
100, 101, 102, 103, 104. Frises sculptées.
105. Combat de cavaliers contre des archers. (Frise.)
106. Le Cortège de Bacchus. Frise.
107. L'Annonciation. Frise.
108. Fragment de couleuvrine.
109. Petit canon, trouvé dans la Somme.
110. Fragment de couleuvrine.

111. Fragment de sculpture.
112. Fragment de pierre tombale avec inscription.
113, 114, 115, 116, 117. Tuiles romaines.
118, 119. Briques armoiriées.
120. Quatre briques romaines, sujets en relief.
121. Portrait du comte d'Artois.
122. Marine. Peinture du XVIIe siècle.
123. Amphore romaine, trouvée à Domqueur en 1885.
124. Christ sur le chemin du Calvaire, plâtre de Nadaud d'après la gravure de Mellan.
125. Bois gravés, représentant des scènes religieuses et des animaux. Moyen-âge.
126. Deux panneaux à double face (moyen-âge) à l'intérieur : saint Marc et saint Mathieu. A l'extérieur : Jésus et Madeleine, l'Ascension, la pêche miraculeuse et la descente du Saint-Esprit.
129 Portrait d'A. Rohaut, maire d'Abbeville, 1598-1611.
130. Jésus et la Samaritaine. (Renaissance.)
131. Portrait d'A. Demiannay, copie p^r Choquet.
132. Intérieur d'un bazar mauresque, par le comte de Forbin (envoi de l'Etat).
133. Portrait de l'abbé Bertin.
134. La Communion.
135. Paysage historique.
136. Le Déluge, par M. Lafond. Envoi de l'Etat.
137. Vue d'Arpino, par M. J. Simon. Envoi de l'Etat, 1878.
138. Statuette en pierre noire.
139. Bas-relief, marbre.
140. Bas-relief, marbre (moyen-âge).
141. Fragment de bas-relief, marbre (moyen-âge.)
142. Le Baiser de Judas, albatre (moyen-âge).

143. Le Martyr de Saint-Laurent, fragment de bas-relief.
144. La Flagellation, fragment de bas-relief (moyen-âge).
145. La Résurrection, fragment de bas-relief (moyen-âge).
146. Statuette (moyen-âge).
147. Panoplie d'armes (Océanie).
148. Objets divers.
149. Panoplie (Océanie), donnée par M. de Cérisy.
150. Objets divers.

GRAND SALON

1. Buste de Millevoye, 1782-1816, plâtre par Coinchon.
2. Sanson de Pongerville, académicien, 1792-1870, buste de Lévêque.
3. Ch. Labitte, prof. au Collège de France, 1816-1845, buste par Sauvage.
4. Boucher de Perthes, 1788-1868, buste par Forceville.
5. Courbet, 1885, buste par Dimpre.
6. Vincent Voiture, académicien, 1598-1648.
7. Dumont, médecin, bienfaiteur des hospices, buste par Sauvage.
8. F. Lesueur, de l'Institut, 1760-1837 (plâtre).
9. St Géoffroy, évêque d'Amiens, XIIe siècle, buste par Forceville.
10. Nicolas Sanson, 1600-1667, buste par Forceville.
11. M. Blasset, sculpteur, buste par Forceville.
12. Beauvarlet, graveur, 1797-1832, terre cuite de Boizet.
13. Vénus accroupie (marbre).
199. Visite à l'accouchée, par Choquet (peinture).

200. Portrait de Levasseur, graveur, par Greuze, 1731.
201. Vue d'Alger, aquarelle par Wyld.
202. Portrait de Beauvarlet, graveur (peinture).
203. La visite du médecin, par Choquet, (peinture).
204. Morphée. (peinture).
205. Ringois, bourgeois d'Abbeville refusant de prêter serment au roi d'Angleterre, peint par Serrur.
206. Minerve Poliade sur l'Acropole d'Athènes, peint par H. Leroux. Envoi de l'Etat.
207. Marine, attribuée à Joseph Vernet.
208. La convalescence, par Desbrosses. Envoi de l'Etat, 1875.
209. Portrait de Bernard Lépicié, par lui-même.
210. Intérieur villageois, par Théaulou, 1777 (peinture).
211. Sybille, école espagnole.
212. Préparatifs de la pêche aux sardines à Cayeux-sur-Mer, par J. Caudron.
213. Médaillon (plâtre).
214. Portrait de Levasseur, graveur, médaillon par Masquelier.
310. Vitrine contenant l'épée d'honneur offerte par souscription publique à Courbet, œuvre de Froment Meurice.
311. Objets divers ayant appartenu à Courbet.
312. Vitrine contenant les tasches ou aumônières des maïeurs d'Abbeville et divers sceaux de la ville jusqu'en 1889.
314. Drapeau des Jacobins et une pique, (époque de la Révolution).
315. Sabre d'honneur donné par Bonaparte au contre-amiral Perrée.
316. Premier drapeau annamite pris à Tuan-An.

318. Truelle d'Emonville.
319. Coussin en velours noir aux armes de France.
320. Sarcophage trouvé à Ergnies.

PETIT SALON

17. De Mailly, maréchal, dernier gouverneur d'Abbeville 1768-1794, buste en bronze.
30. N. Sanson, buste de Julie Carpentier, 1823.
31. Louandre, médaille en bronze, par P. Sauvage et Fontaine.
32. Louandre, ancien conservateur de la Bibl. d'Abb., bronze.
33. Louandre, réduction du précédent.
152. Paysage de Casanova, envoi de l'Etat.
162. Les Six-Moulins à Abbeville (peinture).
163. Le Pont-Rouge à Abbeville (peinture).
164. Une vue de l'ancien Abbeville (peinture).
165. Le Rivage à Abbeville, par le baron de Viney.
166. Portrait supposé de Richelieu.
167. Portrait de P. A. Choquet, par lui-même.
168. Portrait de Louis XIV, d'après Rigault.
169. Portrait de Devérité, conventionnel (abbevillois), par Mme Ris-Paquot, 1746-1818.
170. Environ d'Ailly, par Matifas.
171. Paysage historique, sur bois, par Bréemberg, 1636.
172. L'ange de la Poésie, par l'abbé Dergny.
173. Portrait d'A. Demiannay, frère Colombin.
174. Portrait de J.-C. Levasseur, graveur, par Ingall.
175. Napoléon Ier (peinture).
176. Une vue de l'ancien Abbeville.
177. Une vue de l'ancien Abbeville.
178. Lucrèce, d'après le Guide.

179. Guy de Riencourt jouant sa fortune avec le roi d'Angleterre.
180. Portrait de Louis XIV d'après Wanloo. Envoi de l'Etat.
181. Portrait de F. C. Louandre. (Aquarelle).
182. Une femme de la Suisse.
183. Vaches au pâturage.
184. Moutons aux champs.
185. Le Goûter, peinture sur bois.
186. Portraits de A. Choquet, P. Briet, de Ribeaucourt et de Valois par Ingall. 1852.
187. Pénélope par l'abbé Dergny.
188. Louis-Philippe, médaille en bronze.
189. Portrait du peintre Lesueur, par Biennoury. 1858.
302. Une Après-midi, le Samedi à Londres. Aquarelle, par Hœterick.
307. La leçon de Musique, par Van Shugelandt. 1675.
308. Portrait d'une Vauchelloise.
309. Reproduction par l'Héliogravure de la Charte de la commune d'Abbeville en 1184.
363. Le Port de la Rochelle, par V. Flipsen.

SALLE DES DÉLIBÉRATIONS

305. Hommage à Courbet, par Ruel.
313. Buste de P. Sauvage, par Fontaine. (Bronze.)
362. La ville de Cachan, peint par Dutzschold.

SALLE DES GRAVURES

215. Claude Mellan, médaillon par Forceville. **Collection de Gravures.**

PERRON

321. Buste du Christ. (Renaissance.)
322. Fragment d'Amphore.
323. Sept meules romaines.
324. Clef de voûte.
325. Fragment de bas-relief.
326. Quatre fragments de pierres tombales.
327. Fragment de pierre tombale.
328. Pierre tombale.
329. Fragment de chapiteau moyen-âge.

En publiant ce Catalogue, très utile pour les visiteurs, nous pensons être agréable à nos concitoyens. Le Musée contient en outre des œuvres dont nous donnons la liste, d'autres collections fort intéressantes, offertes par des personnes généreuses aimant la diffusion des productions artistiques et scientifiques au profit du public. Ces collections se composent :

D'une collection de Mammifères provenant en grande partie de L. A. Baillon, 366 pièces.

Une collection d'Oiseaux faune locale, donnée par Baillon, 680 pièces.

Une collection d'Ornithologie, donnée par M. Lamotte, 5,000 pièces. On y remarque un Pingouin Brachyptère, mâle, tué à Cherbourg en 1810. Cette espèce est aujourd'hui complètement disparue.

Une collection d'Oologie comprenant 4554 pièces.

Une collection de poissons, 868 pièces. Don de M. Baillon. Cette collection s'est enrichie récemment d'un exemplaire de Lœmargue à courtes nageoires, échoué à Mers, en 1885. Les mollusques sont représentés abondamment, on compte jusqu'à ce jour plus de 6,000 pièces. Cette collection est formée des dons de Picard, Lefébure de Cérisy, Baillon et Courbet

La Minéralogie et la Géologie (4,000 pièces,) comprennent une collection de Minéralogie léguée par Baillon et une collection de fossiles du tertiaire parisien légué par M. Lebrun, l'Herbier, don de M. Clermont-Tonnerre, les collections de bois, graines et les plantes de la Somme, don de E. de Vicq.

Une collection de Lépidoptères et de Coléoptères ézotiques, léguée par Lefébure, de Cérisy.

Le Musée s'est enrichi dans ces dernières années de la collection de coquilles de Baillon, offerte par M. Cabennes et de l'herbier de M. Poulain-Hecquet donné par M. Flamand et Marette.

L'ensemble des collections d'histoire naturelle, dépasse 50,000 pièces.

« A vrai dire et en regardant sous la surface brillante de nos sociétés prétendues civilisées, la bête de somme domine de beaucoup l'ange et, en prenant l'humanité actuelle en général, on peut dire que les besoins affectifs et intellectuels d'ordre supérieur ne sont qu'un épiphénomène.

(Letourneau.)

DES OISEAUX

Le *Journal du Médoc*, qui mène depuis longtemps une campagne énergique contre la destruction des petits oiseaux, a fait, il y a quelques années, une enquête sur le nombre d'oiseaux expédiés en un mois par quatre stations de la ligne ferrée.

Le relevé des expéditions a démontré que, dans un mois, il avait été expédié 20,000 kilos de petits oiseaux. Une alouette — ce n'est pas un des plus petits oiseaux — pesant en moyenne 33 grammes, il en résulte que, pour arriver au poids de 20,000 kilos, il faut en chiffre rond 600,000 oiseaux.

Les entomologistes admettent qu'un couple d'oiseaux gobe, chaque jour, 400 larves, chenilles, chrysalides ou pucerons. Le fait est qu'à la manière dont on les voit opérer, ce chiffre n'a rien de surprenant. Ce couple aura dévoré à la fin de l'année 146,000 insectes. Les 600,000 oiseaux mis en brochette auraient détruit, par conséquent, dans une année, 43 milliards 800 millions d'insectes. L'enquête faite par le *Journal du Médoc* avait porté sur un périmètre de 225 kilomètres environ. Et comme il me souvient que, passant un jour dans la ville de Montargis, j'entendis un honnête industriel m'affirmer qu'il recevait par jour, dans la saison, jusqu'à 1,300 douzaines d'alouettes, je conclus qu'il est impossible de calculer même approximativement le nombre d'oiseaux détruits en France chaque année.

pour la plus grande satisfaction des fines... bouches.

Tout conspire contre les oiseaux. Les jeux de l'enfance, la rage de tuer, l'horreur de la bredouille, la gourmandise, la politique même, qui a poussé nombre de conseils généraux à permettre la chasse des petits oiseaux avec filets et lacets, pour faire plaisir à quelques électeurs plus ou moins influents. Un conseil général n'a-t-il pas classé l'alouette parmi les animaux nuisibles ! Hélas ! il n'était pas besoin d'accumuler tant de procédés de destruction pour avoir raison de la gent ailée. Les hivers rigoureux, les printemps humides travaillent aussi contre ces utiles et charmants hôtes de nos campagnes.

N'avez-vous pas remarqué, comme moi, que les oiseaux deviennent de plus en plus rares ? Leurs chants qui troublaient d'une note gaie le silence des champs et des bois, leur gazouillement qui tenait compagnie dans la solitude champêtre, leur apparition brusque sous la feuillée, leur gentil sautillement de branche en branche, sont devenus presque une rareté. C'est à peine si un ou deux rossignols se font entendre dans les mêmes endroits où huit ou dix égrenaient naguère leurs trilles sonores.

De combien de millions d'insectes de toute sorte cette rage de détruire des êtres utiles ne nous a-t-elle pas infectés ! Le bon sens développé par l'instruction n'aura-t-il pas bientôt raison de ces instincts cruels et funestes ? Ou bien faudra-t-il que la loi, par la main du gendarme, traîne en prison les enragés qui ne sauraient voir un pauvre pierrot sans s'efforcer aussitôt de le faire passer de vie à trépas ?

Le respect dû à la chose jugée ne saurait

m'interdire de protester contre l'un des attendus d'un jugement rendu tout récemment par la onzième chambre correctionnelle. Ce jugement déclarait le moineau oiseau nuisible.

Nuisibles, les moineaux ! Me voilà moralement obligé de faire un cours d'agronomie pratique à MM. les Juges de la onzième chambre. Ignorez-vous, mes bons Messieurs, que les moineaux sont pour les cultivateurs, les jardiniers, les arboriculteurs, des camarades très précieux ? Oui, sans doute, les moineaux sont frugivores et granivores ; mais ils sont en même temps *insectivores*. Comprenez-vous bien le sens du mot : INSECTIVORES ? Cela veut dire qu'ils mangent des insectes ; des chenilles, surtout, qui sont pour la culture un si grand fléau, ces braves petits oiseaux, ne le savez-vous pas ? font magnifique carnage ; et, quand plus tard, les fruits qu'ils ont protégés, sur le développement et la croissance desquels ils ont veillé, sont arrivés à maturité parfaite, s'ils en croquent quelques-uns, ils ne font que se rémunérer équitablement des services rendus. Toute peine ne mérite-t-elle point salaire ?

Faut il raconter à nouveau le célèbre duel qui s'engagea, au siècle dernier, entre Frédéric II, roi de Prusse, aimait immodérément les cerises ; il était fort marri de voir que chaque année les moineaux prélevaient sur sa récolte préférée une sorte de dîme. Que faire ? Les soldats n'y vont pas par quatre chemins. Qu'est-ce qu'une hécatombe de plus ou de moins pour un conquérant ? Frédéric décréta une Saint-Barthélemy de moineaux, mit férocement à prix la tête de ces gentils gamins emplumés. Les moineaux massacrés, traqués, disparurent ; et Frédéric se frotta les mains.

Ses cerises allaient être toutes à lui. Joie bien courte. Des cerises, il n'en eut pas. Les chenilles, débarrassées de leurs plus actifs ennemis, s'en donnèrent à cœur joie. Récolte maigre, médiocre, misérable. L'année suivante, elle fut pire. Frédéric réunit en congrès tout ce que la Prusse comptait alors de savants et leur soumit le cas. Les savants examinèrent, discutèrent et conclurent : Sire, il faut rappeler les moineaux. C'est dur de céder, pour un monarque ! Frédéric résista pendant quelque temps, tiraillé entre son amour propre et son goût pour les cerises. Ce dernier, finalement, l'emporta. L'édit de proscription fut révoqué ; les portes du royaume furent rouvertes aux moineaux qui, n'étant point rancuniers, revinrent. Si vous saviez quelle rude guerre ils firent aux chenilles voraces ! Juin arriva, il y eut des cerises, et les moineaux en mangèrent une part raisonnable, et Frédéric ne bougonna plus.

Demander aux Français d'aujourd'hui la dose d'intelligence dont fut capable un Prussien d'il y a cent ans, est-ce exagéré ? Je désirerais croire que non. Pauvres petits moineaux, je prends votre défense, vous qu'un arrêt de la onzième chambre correctionnelle vient de déclarer gravement « oiseaux nuisibles », et qui n'avez pour plaider votre cause, que les services rendus par vous, ce qui n'a jamais été suffisant. J'enrage vraiment quand je vois la magistrature sanctionner de ses arrêts cette coutume sotte et cruelle qu'ont tant de petits bourgeoillons ruraux et suburbains de s'amuser, le dimanche, à canarder les pierrots. Pas de passe-temps plus stupide. J'en parle savamment. Une fois j'ai tué une mésange dans un jardin ; circonstance atténuante : j'avais quatorze ans. Jamais je ne me suis senti si bête. Devant le cadavre sanglant de la jolie bestiole qui, un instant auparavant, jouait, gracieuse et gaie, dans les branches, et que j'avais assassiné lâchement, imbécilement, pour le plaisir, j'ai eu honte de moi.

L.-V. Meunier.

La Seine, journal du 3 Décembre 1875.

Permettez-moi de prendre la voie de votre journal pour adresser quelques mots à la Société protectrice des animaux, au nom d'une classe faible et intéressante. Je considère mon mandat comme un mandat impératif, et je tiens à le remplir en conscience.

Les plaignants sont de charmants pierrots qui m'ont eu grande estime parce qu'ils viennent manger avec moi, jusque sur ma table. Députés par tous les oiseaux des jardins de Courbevoie, ils m'ont raconté leur douleur, leur désolation de la guerre injuste, barbare, lâche, et bête que leur fait la gent humaine. Ils se plaignent amèrement de voir la Société protectrice des animaux les protéger si peu. Oui, disent-ils avec raison, n'est-ce pas assez malheureux pour nous, lorsque vient la saison rigoureuse de l'hiver, d'être obligés de chercher, sans la trouver, une nourriture suffisante pour donner à notre pauvre petit corps la chaleur nécessaire à nous préserver de mourir de froid? Ce qui est encore plus triste, il faut que par prudence nous nous abstenions de toucher à tout ce qui peut nous paraître suspect de couvrir un danger. Les enfants et même les hommes, nous tendent d'affreux pièges qui nous blessent et nous font souffrir avant d'être étouffés de leurs mains. Hélas! pourquoi la force prime-t-elle le droit? Qu'avons-nous fait pour mériter leur haine? Que les hommes s'égorgent entr'eux, avec beaucoup d'intelligence, ceci les regarde : nous n'y trouvons rien à redire. Mais quant à nous, quels motif pour nous détruire? nous sommes la gaîté de leurs jardins, nous préservons leurs fruits en détruisant des milliers d'insectes nuisibles, et pour récompense de nos services, ils enseignent à leurs enfants l'art de nous tuer en employant des moyens lâches et hypocrites. Nous sommes décidés, monsieur, à nous adresser à vous, qui êtes de nos amis, car Dieu merci! nous en avons encore, avec lesquels nous vivons cordialement. Défendez notre vie et notre liberté : nous comptons sur vous.

« Oui, mes chers petits amis, vous avez mille fois raison de vous plaindre. Je connais par expérience la bêtise et la méchanceté du genre inhumain. L'on a bien déclaré, en théorie comme toujours, votre protection légale pour cause d'utilité publique. La Société protectrice des animaux a été fondée pour votre défense et cependant le nombre de vos ennemis a peu diminué. La loi, nous l'avouons, a d'excellentes intentions, mais atteint-elle le but fixé? hélas! non.

Les instituteurs enseignent-ils à leurs élèves la nécessité et la moralité d'être bienveillants envers les animaux utiles? j'en doute. Les gardes champêtres et autres agents font-ils bien leur service à ce sujet? Enfin, chose plus grave, que devient la loi si par une tolérance incompréhensible l'on souffre la vente de toutes sortes d'engins destinés à la destruction des oiseaux. La loi restera donc lettre morte si l'on n'interdit pas non seulement la vente, mais la fabrication de tous les engins de braconnage. Sans cette prohibition complète, la loi est de nul effet. Il se vend entr'autres par milliers, un piège de peu de valeur avec lequel les enfants font l'apprentissage de la cruauté. Il serait temps d'aviser.

Amis gais et charmants, espérez encore un peu que vos cris plaintifs trouveront un écho dans la Société protectrice des animaux et qu'elle fera les démarches voulues pour obtenir l'accomplissement de vos vœux.

H. MAISSIN.

Boulogne-Seine, 10 Décembre 1875.

MONSIEUR LE DIRECTEUR,

J'ai trouvé samedi dans votre journal une lettre qui s'adresse par votre intermédiaire à cette Société protectrice des animaux. J'ai immédiatement transmis au Secrétaire général les plaintes de votre estimable correspondant et son charmant apologue. Ses aimables protégés seront écoutés, et, s'il y a lieu, le Conseil d'administration n'épargnera aucune démarche pour leur être agréable, sans pouvoir toutefois leur garantir le succès.

PETIBON.

CIRCULAIRE DU MINISTRE DE L'INSTRUCTION PUBLIQUE A TOUS LES PRÉFETS

31 Mars 1876.

MONSIEUR LE PRÉFET,

Les ravages causés à l'agriculture par les insectes nuisibles ont pris, depuis quelques années, des proportions véritablement inquiétantes.

M. le Ministre de l'Agriculture et M. le Ministre de l'Intérieur m'ont fait l'honneur d'appeler mon attention sur ce regrettable état de choses, dont l'une des causes principales est la disparition ou tout au moins la diminution des oiseaux insectivores. Ces oiseaux, qui sont les gardiens naturels de nos récoltes et les plus précieux auxiliaires de l'agriculteur, sont cependant presque partout traités en ennemis. Le cultivateur, oubliant les services incessants qu'ils rendent, ne voient que les dégâts qu'ils commettent; l'enfant poursuit leur destruction, soit en leur tendant des pièges, soit en détruisant leurs nids, et ces alliés, que les étrangers viennent nous acheter pour les acclimater chez eux disparaissent peu à peu de nos campagnes.

Les instituteurs devront aussi, à l'occasion, rappeler aux pères de famille que, s'ils se font à eux-mêmes un tort considérable en laissant détruire les nids, ils sont responsables des délits que leurs enfants mineurs pourraient commettre en l'espèce.

J'ajouterai que, dans quelques communes, des instituteurs ont eu l'heureuse pensée d'organiser, parmi leurs élèves, des sociétés protectrice des animaux utiles. Ces sociétés ont rendu de grands services et je verrais avec plaisir leur nombre s'agrandir.

J'attache, Monsieur le Préfet, les plus sérieux intérêt à l'exécution de cette circulaire.

Le Ministre de l'Instruction publique,

WADDINGTON.

QUESTION AGRICOLE

D'ailleurs, ce n'est point le régime antique de la propriété familiale ou communale qu'il s'agit de restaurer! Le monde n'a point à marcher en arrière. La culture du sol se transforme graduellement en un travail industriel comme l'exploitation des mines et la mise en œuvre des matières premières, comme toute autre industrie, elle se débarrasse peu à peu des vieilles routines et remplace sa méthode de hasard par des procédés scientifiques; enfin, comme la mine de houille ou la filature de coton, elle est obligée de simplifier la besogne par la division du travail; la terre devient chaque jour davantage comme une grande usine de production agricole dont chaque partie est un rouage spécial, où chaque travailleur a son rôle tracé d'avance. « L'association agricole est une impossibilité », disent les économistes; c'est précisément le contraire qui est vrai; le travail isolé du cultivateur devient de plus en plus ruineux : le groupement des travailleurs devient aussi de plus en plus indispensable; mais le tout est de savoir s'ils doivent s'agréger comme une chiourme sous le bâton d'un maître, ou s'ils doivent travailler à l'œuvre commune en libres associés.

En comparaison de ce que deviendra la culture industrielle et scientifique, combien pauvre est l'aménagement du sol d'après le misérable et mesquin système de la propriété individuelle! Chacun tire à soi, chacun travaille pour soi, sans méthode, sans idée et sans raison. Hanté par l'esprit de routine, le paysan ne songe qu'à faire produire à son champ les récoltes accoutumées, quand même le sol et le climat ne conviendraient qu'à demi; il faut que le dur laboureur arrache à la terre les épis ou les grappes qu'en obtenaient ses pères. Les cultures bariolées des couleurs les plus disparates, au lieu de se diviser en courbes gracieuses, suivant les lignes du niveau, les effleurements de terrain, les accidents du sol, les champs se découpent en parallélogrammes baroques, enchevêtrés les uns dans les autres, et dont la forme même implique l'absence de toute méthode scientifique. Les eaux sont aménagées au hasard : ici, l'agriculteur laisse l'humidité suinter en marais et voit, sans s'y opposer, l'inondation envahir ses cultures; ailleurs son champ reste aride à quelques pas du fleuve. La grande masse d'eau coule inutilisée vers la mer, alors que chaque goutte d'eau devrait trouver son emploi.

Pour nous faire une idée de la révolution qui doit s'opérer et qui s'opère de jour en jour dans l'agriculture par l'application des méthodes scientifiques, prenons pour exemple toute une région naturelle, un bassin fluvial dans son entier. Là il ne s'agit plus maintenant de la routine du laboureur, il faut, en outre, que la science connaisse parfaitement le sol pour en utiliser toute la force productrice. Au *géographe* et au *météorologiste* de dire quelle sera pour chaque point du bassin la succession probable des températures et des pressions barométriques; à eux de tracer les lignes isothermes, d'indiquer le degré précis des pentes et des expositions; au *géologue* et au *chimiste* de reconnaître l'origine première de tous les terrains, d'en doser les éléments, d'en proposer le mélange le plus favorable ; à l'*hydrologiste* de chercher les sources cachées, d'apprécier le débit de toutes les eaux, d'en mesurer la vitesse, de tracer les canaux d'irrigation, de préparer tout le système artériel et veineux du bassin, depuis son origine jusqu'à son issue dans la plaine ou sur la mer; à l'*ingénieur* de construire les canaux, les ponts, les routes agricoles, les machines à vapeur, les bassins de retenue et tout l'immense outillage du terrain de culture; aux *agronomes* enfin de s'occuper de la nourriture du sol, de l'ensemencement et des plantations. Est-il avéré que telle partie de la contrée doit être cultivée en forêts pour donner son maximum de produits, elle se couvrira de bois; telle autre partie convient-elle mieux aux céréales, à la vigne, aux plantes fourragères, aux arbres fruitiers, aux productions horticoles, elle fournira les plantes que favorise le sol, les eaux et le climat du lieu. Ce n'est pas tout : il faut que le *statiscien*, l'*économiste*, les *industriels* chargés des transports, s'occupent de savoir si telle ou telle culture, déjà très étendue dans quelque autre contrée, ne risque pas de se trouver en trop grande abondance à la disposition des consommateurs, et s'il ne vaudrait pas mieux la remplacer par une autre production plus utile aux intérêts de la société.

On le voit, l'agriculture ainsi pratiquée demande le concours de chacun ; toute force intellectuelle doit être employée à mettre en rapport le domaine commun de l'homme. De cette manière, les produits s'accroîtront dans des proportions énormes, ainsi que le prouvent déjà les résultats de la culture industrielle dans les vastes fermes des agronomes anglais. Aidée de la science, la grande industrie a déjà tué la petite industrie; de même la grande agriculture ne peut manquer de tuer la petite agriculture. Ainsi donc, à l'œuvre, paysans! S'il vous plaît de rester libres, si le sort du manœuvre ou de l'esclave vous épouvante, hâtez-vous! Il n'est que temps! Associez-vous, liguez-vous pour la possession collective du sol, avant que la haute banque ne s'en empare! Aidez l'ouvrier à devenir son propre maître et qu'il vous aide à son tour! Comprenez enfin que votre cause est solidaire de la sienne!

En terminant, rappelons une petite anecdote, vieille de plus de deux mille ans déjà. Lorsque Epaminondas faisait bâtir Mégalopolis au centre du Péloponèse, les futurs habitants de la ville demandèrent à Platon de leur proposer des institutions modèles. « Volontiers, dit le philosophe; mais y aura-t-il des propriétaires parmi vous? — Sans doute! Chacun de nous possédera son champ et pourra l'enfermer de murs. — Alors, je n'ai plus rien à vous dire. Allez bâtir votre ville. D'autres la raseront et vous ne saurez pas vous défendre! »

ELISÉE RECLUS.

LE CHRIST AU VATICAN

Malgré tout son respect pour le Père Eternel,
Un jour Jésus baillait au ciel
A se décrocher la mâchoire;
Il s'ennuyait dans ce séjour de gloire,
Les oremus qu'on lui chantait jadis
Montaient toujours en paradis,

Mais n'allaient plus à son adresse ;
Il n'était pas jusqu'à la messe
Qu'on abrégeât autant qu'il se pouvait,
Quand d'un bon déjeuner l'officiant devait
Aller prendre sa part. L'Esprit-Saint et le Père
N'avaient pas meilleur ordinaire.
« Qu'est-ce ceci ? dit Jésus, les chrétiens oublieux
» M'auraient-ils supprimé leur encens et leurs [vœux !
» On s'adresse beaucoup à la vierge Marie ;
» Aux chapelles des Saints la foule accourt et [prie,
» Comme accouraient autrefois
» Les païens à l'égard des dieux d'or et de bois ;
» Mais pour moi, c'est une autre affaire ;
» J'ai cependant à Rome le Saint-Père,
» Mon vice-Dieu, d'après ce que l'on dit ;
» Chez les peuples il doit soutenir mon crédit ;
» Trahirait-il ?... Le paganisme
» Aurait-il absorbé le vieux catholicisme ?
» A Rome il faut me rendre de ce pas,
» Examiner ce qui se fait là-bas,
» Et m'assurer si le susdit vicaire
» Donne des soins à mon affaire ;
» Si pour lui seul il n'a pas détourné
» Le culte qui m'est destiné.
» Dépouillons, il le faut, ma divine nature ;
» Prenons l'habit modeste et l'humaine figure
» Que j'avais en Judée, alors qu'un gouverneur
» De me pendre se fit l'honneur ;
» Autrement on pourrait ne pas me recon- [naître. »
Aussitôt dit que fait, le divin Maître
Prend son vol, et d'un seul élan
Arrive auprès du Vatican.
Il s'informe où reste le pape,
Et s'imagine qu'on l'attrape,
Lorsqu'on lui montre le palais.
« Oh ! oh ! dit-il, je n'aurais cru jamais,

» Quand je naquis dans une étable, [blable. »
» Voir mon représentant dans un logis sem-
Il entre, toutefois ; mais dès les premiers pas,
Un suisse tout doré, la hallebarde au bras,
Lui crie : « Halte ! fais voir ta lettre d'audience !
» Il en faut pour entrer dans le papal séjour ;
» Les ducs les plus huppés, venant faire leur
[cour
» Ont besoin d'un permis signé par le Saint-Père
» Ou par son camérier ; crois-tu qu'un pauvre
[hère
» Sans le sou, j'en suis sûr, puisse entrer en ce
[lieu ?
» Va, va, le serviteur des serviteurs de Dieu
» Ne veut pas recevoir des manants de ta sorte ; »
Et déjà sur le nez il lui ferme la porte.
Christ ébahi ne pouvant penser
Qu'un pareil compliment à lui put s'adresser
Crut mal avoir compris ; il se dit que peut-être
Des persécutions le temps allait renaître
Et qu'un nouveau César, l'ennemi des chrétiens,
Relevaient les autels païens.
C'est ainsi que pour lui s'expliquait le mystère :
Ces beaux suisses étaient les geôliers du Saint-
Quel simplicité de cœur !... [Père.
Christ seul pouvait commettre cette erreur.
« Mon fils, je suis Jésus, dit-il au mercenaire,
» Et je viens voir mon mandataire.
» Sans doute l'empereur à Jupiter dévot,
» Veut en faire un martyr et le tient au cachot,
» Comme il advint jadis à mes premiers
[apôtres. »
Le suisse, à tout hasard, disait ses patenôtres.
Quoique l'air humble et pauvre du Seigneur
Ne lui parût mériter cet honneur : [Saint-Père.
« Vous vous trompez, Jésus ; César, c'est le
» Il fait de ce palais son séjour ordinaire ;

» Les suisses ne gardent que lui ;
» Ici, personne n'a de prison, aujourd'hui,
» Que votre vice-Dieu ; suivant sa fantaisie,
» Il y loge tous ceux qui sentent l'hérésie,
» Par tendresse pour leur seul bien
» Et l'honneur du culte chrétien. [suisse,
» Il pend même parfois ; mais je suis un bon
» Et je veux vous aider : l'escalier de service
» Est devant vous ; montez chez le grand
» Si vous voulez bien le prier, [camérier
» Peut-être pourrez-vous parler au saint Pon-
[tife. »
Jésus s'imaginait remonter chez Caïphe.
« Eh bien ! murmurait-il, on habite un palais
» De marbre et d'or et moi je ne savais
» Le soir où reposer ma tête,
» Ici le pauvre est un vrai trouble-fête ;
» Je fus pauvre et prêchai la charité ;
» Hélas ! moi, je n'eus pour tous gardes
» Que les vauriens qui jouèrent mes hardes ;
» Il pend, et moi je suis pendu.
» Ma foi ! si cet individu
» Avec sa pompe triomphante
» Me représente,
» Convenons-en, je suis bien mal représenté. »
Tout en parlant ainsi, Jésus était monté
Sur un vaste palier s'ouvre une immense salle ;
Le Seigneur croit entrer dans une halle ;
Bazar d'objets sans nom, frauduleux bric-à-brac,
Où l'acheteur est sûr d'être mis dans le sac,
De vieux os, de neuves médailles
Offensent l'odorat, ou reluisent partout ;
Des commis fort nombreux, alertes, l'œil à tout,
Ficellent des paquets et servent la pratique
Le chef des employés, tout de rouge habillé,
Voyant entrer un homme assez déguenillé,

S'emporte... « Eh quoi ! dit-il, un vagabond
[immonde
» Pénètre sans façon chez le maître du monde!
» Comment es-tu venu ? qui t'amène en ce lieu?
» Mais peut-être, du Vice-Dieu
» Attendant le pardon de quelque grave offense,
» T'es-tu fait gueux par pénitence ?
» Cela s'est vu ; parle, que te faut-il ?
» As-tu tué quelqu'un, et craignant le péril,
» L'as-tu poignardé par derrière ?
» As-tu frappé d'une main meurtrière
» Ou ton père ou ta mère ?
» As-tu, fin connaisseur,
» Violé ta fille ou ta sœur ?
» A Rome, moyennant espèces,
» Nous absolvons de toutes ces faiblesses.
» Veux-tu des croix, des cierges, des *agnus*,
» Des chapelets bénis bien mieux que si Jésus
» Les avait consacrés lui-même ?
» Veux-tu faire *gras* en carême
» Les vendredis et samedis ?
» Veux-tu de tous les saints qui sont en paradis
» Les plus précieuses reliques
» Très authentiques ?
» Dis, ouvre l'escarcelle et donne tes écus !
» Pour l'Empereur d'Autriche on ne ferait pas
[plus.
» Si tu ne peux payer, allons, vite, détale,
» Il nous est ordonné par la bulle papale
» De ne livrer que contre argent,
» A nous le riche, au diable l'indigent ! »
« — Voilà, se dit Jésus, de la belle besogne !
» En vérité, ces gens n'ont pas plus de vergogne
» Que n'en avaient aux temps anciens
» Les scribes et les pharisiens.
» Ils ne sont pas chrétiens, ici, je me l'assure...
» C'est à mon nom faire par trop injure

» Que d'en couvrir cet ignoble trafic,
» Par lequel sans pudeur ils volent le public
» Mais voyons jusqu'au bout leur étrange con-
[duite.
» — J'ai peu de temps à perdre, et je voudrais
» Parler au père des chrétiens, [de suite
» Dit-il au cardinal, vendeurs de pieux riens...
» — Parler au pape ! ah ! mais le maraud raille !
» Crois-tu donc, mauvaise canaille,
» Qu'il te serait permis de baiser à *genoux*
» Sa mule croisetée ? Ah ! que non, vertuchoux !
» Non, ce n'est pas pour toi que le pape se
[chausse
» Et vite et tôt, va-t-en, si d'une basse-fosse
» Tu ne veux à l'instant savourer la douceur ! »
« — Prêtre, je veux dissiper ton erreur :
» Sous ces pauvres habits, vois, reconnais ton
[maître ;
» Je suis le Christ, et maintenant peut-être
» Il me sera permis de voir
» Ton saint Père qui tient de moi seul son
» — Toi, Jésus ?... La plaisanterie [pouvoir.
» Est bonne, et permets que j'en rie !
» Quoi ! le puissant maître des cieux
» Aurait ta face blême et ton aspect piteux,
» Et tes crasseux haillons, signe de ta misère,
» Comme on n'en voit qu'au Transtévère ?
» A d'autres ! dirais-tu d'ailleurs la vérité,
» Tu n'arriverais pas jusqu'à Sa Sainteté !
» Elle a bien, *per Bacco*, d'autres choses à faire
» Que de penser au Christ, au Ciel, au bréviaire.
» La Romagne s'agite, et les Légations
» S'abandonnent au vent des révolutions ;
» Le pouvoir temporel nous échappe, et je
[pense
» Que sur tout autre bien il vaut la préférence.

» Puis enfin, s'il est vrai que vous soyez Jésus,
» N'accusez que vous seul d'éprouver un refus,
» Que n'apparaissez-vous sous toute votre [gloire?
» L'on vous eût bien reçu : c'était une victoire
» Sur tous nos ennemis. Comme vous êtes fait !
» En un mendiant pareil le pape rougirait
» De reconnaître un Dieu fagoté de la sorte ;
» Souffrez donc, cher ami, qu'on vous flanque [à la porte. »
Le cardinal parlait encor
Que Jésus-Christ, comme sur le Thabor,
S'était transfiguré. Dans son regard austère
S'allumaient les éclairs de la sainte colère
Qui l'anima, lorsque jadis
Il chassa les vendeurs loin du sacré parvis.
Les publicains, d'abord si bouffis d'insolence,
Attendaient maintenant dans un lâche silence
L'orage qui grondait dans l'âme du Sauveur.
Terrible il éclata : « Malheur
» A vous, tonna Jésus, ô race de vipères,
Abuseurs éhontés de la foi de vos frères !
Malheur, malheur à vous, prêtres pharisiens,
Hypocrites parés du faux nom de chrétiens,
Qui voilez mes leçons par mille momeries,
Et souillez mes autels par mille idolâtries !
Faut-il vous rappeler ce que prescrit ma loi ?
Aveugles conducteurs d'aveugles, loin de moi !
Faut-il vous rappeler que j'ai passé ma vie
A prêcher la douceur, la paix, la modestie,
L'aumône, le pardon, l'amour, l'espoir en Dieu
Et toutes les vertus dont vous avez si peu ?
Ai-je jamais souffert, dans mon humble exis- [tence
Que l'on me saluât de Grandeur, d'Eminence ?
Me suis-je revêtu jamais de pourpre et d'or ;
De la sueur du pauvre ai-je enflé mon trésor ?

Jérusalem me vit monter sur une ânesse ;
Et le peuple romain, sans que cela le blesse,
Contemple votre chef, et non sa sainteté,
Sur le dos des chrétiens en triomphe porté.
Je m'étonne comment son orgueil intrépide
Ne leur a pas encor mis la selle ou la bride.
Voilà comment on suit mon exemple et mes
[lois.
Qui de vous se montrant humble pour une fois,
A donné sa douillette à qui prenait sa robe ?
Pour les trésors mondains que le larron dérobe
Vous donneriez cent fois tous les trésors du
De la cupidité votre cœur est l'autel, [ciel...
Pour recevoir, vos mains sont toujours prêtes,
Et des pauvres jamais les touchantes requêtes
N'ont su vous émouvoir ; moins prêtres que
[commis
Moins bergers que bouchers, à vos tristes brebis
Vous emportez le lait et la chair et la laine,
L'Eglise n'est pour vous qu'un terrestre domaine
Le salut éternel et la gloire d'en haut [faut !
Vous préoccupent peu ; c'est de l'or qu'il vous
De l'or, à nous de l'or ! Telle est votre maxime ;
Etre pauvre est pour vous le plus grand, le
[seul crime ;
Votre œil est doucereux, vos lèvres sont de miel ;
Votre visage ment!.. votre cœur est de fiel !
Rigides pour autrui, pour vous pleins d'indul-
[gence,
Jamais vous n'avez su pardonner une offense...
Vous aimez à primer partout avec hauteur ;
Le plus grand d'entre vous se dit le serviteur
De tous mes serviteurs ; il ment comme une bulle :
Du serviteur de tous baiserait-on la mule [vous
Si quelque malheureux pense autrement que
S'il veut baiser ses fers trop lourds, votre
[couroux.

L'abandonne au bourreau sous couleur de
[justice,
J'ai dit : Miséricorde et non pas sacrifice.
Donnez gratis ce que gratis vous fut donné
Ais-je encor dit : pourtant au peuple rançonné
Vous vendez le baptême au jour de la naissance
Vous vendez au pécheur l'inutile indulgence,
Vous vendez aux amants le droit de s'épouser,
Vous vendez aux mourants le droit d'agoniser,
Vous vendez aux défunts la messe funéraire,
Vous vendez aux parents l'office anniversaire
Vous vendez oraisons, messes, communions,
Vous vendez chapelets, croix, bénédictions ;
Rien n'est sacré pour vous, tout vous est
[marchandise
Et l'on ne saurait faire un pas dans votre église
Sans payer pour entrer, sans payer pour s'as-
[seoir
Sans payer pour prier. L'autel est un comp-
[toir !
La papauté du monde est la plus grande usu-
De mon temple, ce doux asile de prière [rière ;
Vous en faites brigands, une antre de voleurs !
De la vierge on y vend les banales faveurs,
Comme en un mauvais lieu l'on y vend
[l'amour des femmes.
Tout reflète chez vous la laideur de vos âmes,
Les scribes, vos aïeux, étaient moins pervertis.
Vous n'êtes même pas des sépulcres blanchis.
Hiboux, corbeaux, vautours, voilà ce que vous
[êtes,
De l'Eglise Phryné dégoûtants proxénètes !
A l'aide d'actes faux, de vols, d'extorsions
Des Borgia, d'astuce et d'usurpations,
Ces villes, dites-vous, forment le patrimoine
De Saint-Pierre ; tout homme y doit agir en
Et non en citoyen. Penser est un délit. [moine

Que votre loi prévoit, que votre loi punit !
Là, règnent avec vous l'orgueil et l'avarice;
L'hypocrite et le sot y rendent la justice;
Là, ramper devant vous est l'unique devoir;
C'est ce que vous nommez le temporel pouvoir,
Pouvoir que ne rêva jamais mon pauvre Pierre,
Vous n'invoquez le ciel que pour régner sur
[terre;
Mais les temps sont changés... Las du joug
[clérical
Vos Etats briseront le vieux sceptre papal.
Déjà la Liberté sourit à la Romagne,
Et vos sujets romains que la révolte gagne,
Si la France n'avait rétabli leurs tyrans,
Vous auraient expulsés depuis déjà longtemps.
Tremblez, prêtres du pape, ô race de vipères,
Les fils accompliront ce qu'ont tenté les pères ! »
Les commis tonsurés, consternés, éperdus,
Tremblaient à la voix de Jésus ;
Et lui, d'un bond retraversant l'espace
Revint au ciel prendre sa place,
Murmurant : Leur pouvoir, qu'ils nomment [temporel,
« J'en jure par mon sang, est loin d'être éternel ;
Cette puissance tyrannique,
Et dont le ridicule égale l'odieux,
Cette exécrable église catholique,
Je l'écraserai, moi, Jésus, du haut des cieux ! »

Cette magnifique et énergique pièce de vers a été publiée à Bruxelles, après le 2 décembre 1851. Le pape était encore roi.

Imprimerie FOURDRINIER ET Cie.

www.ingramcontent.com/pod-product-compliance
Ingram Content Group UK Ltd.
Pitfield, Milton Keynes, MK11 3LW, UK
UKHW020946220726
13924UKWH00002B/516

9 782019 933630